Julia Uhlitzsch

Der Körper in der NS-Propaganda während der Olympischen Spiele 1936

Moderne Körperbilder

GRIN Verlag

Bibliografische Information der Deutschen Nationalbibliothek:

Die Deutsche Bibliothek verzeichnet diese Publikation in der Deutschen National-
bibliografie; detaillierte bibliografische Daten sind im Internet über http://dnb.d-
nb.de/ abrufbar.

Impressum:

Copyright © 2011 GRIN Verlag GmbH
Druck und Bindung: Books on Demand GmbH, Norderstedt Germany
ISBN: 978-3-656-00778-4

Dieses Buch bei GRIN:

http://www.grin.com/de/e-book/178613/der-koerper-in-der-ns-propaganda-waeh-
rend-der-olympischen-spiele-1936

GRIN - Your knowledge has value

Der GRIN Verlag publiziert seit 1998 wissenschaftliche Arbeiten von Studenten, Hochschullehrern und anderen Akademikern als eBook und gedrucktes Buch. Die Verlagswebsite www.grin.com ist die ideale Plattform zur Veröffentlichung von Hausarbeiten, Abschlussarbeiten, wissenschaftlichen Aufsätzen, Dissertationen und Fachbüchern.

Besuchen Sie uns im Internet:

http://www.grin.com/

http://www.facebook.com/grincom

http://www.twitter.com/grin_com

Stiftung Universität Hildesheim
Institut für Sportwissenschaft und
Sportpädagogik

Moderne Körperbilder

Die Rolle des Körpers in der NS-Propaganda während der Olympischen Sommerspiele 1936

vorgelegt von:

Julia Uhlitzsch

Inhaltsverzeichnis

„Mit diesen Spielen ist uns ein unschätzbares
Propagandamittel in die Hand gegeben worden..."
(Teichler, 1991, S. 164)[1]

1. Einleitung

Das angeführte Zitat untermauert den Inhalt dieser Arbeit, welche sich mit der NS[2]-*Propaganda* während der Olympischen Sommerspiele 1936 auseinandersetzt. Dabei wird speziell auf den Körper eingegangen und erläutert inwieweit dieser für die *Propaganda* der Nationalsozialisten genutzt wurde. Zunächst wird jedoch ein kurzer Überblick über die NS-Herrschaft gegeben und der Begriff *Propaganda* geklärt. Neben wissenswerten Fakten zu den Olympischen Spielen werden Ziele und Werte der Olympischen Bewegung vorgestellt. Es werden die besondere Bedeutung der Olympischen Spiele[3] 1936 sowie die angewandten *Propaganda*maßnahmen herausgearbeitet. Da sich die Arbeit insbesondere mit der Fragestellung nach der Rolle des Körpers in der NS-*Propaganda* während der Spiele 1936 befasst, wird schlussendlich genauer darauf eingegangen. Mithilfe einschlägiger Literatur wird diese Rolle in den Bereichen Sport, Rassismus, Kunst, Film und Werbung dargelegt und untersucht.

2. Hauptteil

2.1 Ein kurzer Überblick: der Nationalsozialismus und seine Herrschaft

Um sich dem Thema der Arbeit nähern zu können, muss zunächst der Begriff *Nationalsozialismus* genauer definiert werden. Das Fremdwörterbuch gibt dafür folgende Definition:

---

[1] zitiert nach Angermeyer, F.: Hymne an Berlin. In: "Reichssportblatt" 2 (1935) 21, 583.
[2] Aus Gründen der sprachlichen Vereinfachung verwende ich NS als Abkürzung für den Begriff Nationalsozialismus.
[3] Aus Gründen der sprachlichen Vereinfachung werden die Formulierungen „Olympische Spiele 1936" oder „Spiele 1936" im Folgenden für die Olympischen Sommerspiele 1936 verwendet.

„besonders reaktionäre, antisozialist., antidemokrat. u. antinationale
Erscheinungsform des Faschismus in Deutschland [...]"
(Dudenredaktion Bibliographisches Institut Leipzig, 1979, S. 506)

Im Politiklexikon von Schubert und Klein lässt sich nachstehende
Begrifferklärung finden:

„eine politische Bewegung [...] in D [,die] extrem nationalistische,
antisemistische, rassistische und imperialistische Ziele [verfolgte]"
(Schubert, Klein, 2006, S. 204)

Um die aufgeführten Begriffsdefinitionen von *Nationalsozialismus* zu
verdeutlichen, wird folglich genauer auf die Zeit der nationalsozialistischen
Herrschaft eingegangen.

Der *Nationalsozialismus* als politische Bewegung entstand in der krisenhaften
Zeit nach dem Ersten Weltkrieg. Hohe Arbeitslosigkeit und wirtschaftliche
Probleme ließen die republikanischen Parteien hilflos erscheinen, so dass sich
immer mehr Menschen der NSDAP[4] anschlossen. Jenes drückt sich auch im
Vergleich der Wahlergebnisse von 1932 und 1933 aus, bei dem die NSDAP
10,8 % mehr Stimmen erhielt und somit mit 43,9 % die stärkste Partei darstellte
(siehe Abb.1).

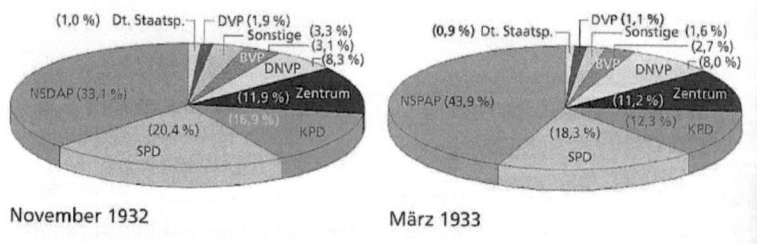

November 1932   März 1933

Abb.1 Wahlergebnisse 1932 und 1933[5]

Als Folge daraus ernannte Reichspräsident *von Hindenburg* am 30. Januar
1933 *Adolf Hitler* zum Reichskanzler von Deutschland (vgl. Gutjahr, 2004,

---

[4] Nationalsozialistische Deutsche Arbeiterpartei
[5] Gutjahr, 2004, S.366

S.366). *Hitler* war ein absolutistischer „Führer", der mit seinen vielen Anhängern, Deutschland zu einem *totalitären Staat* formte. Loscher gibt im Rechtslexikon für den *totalitären Staat* folgende Definition:

„Totalitär ist ein Staat, der mittels in einer Hand konzentrierter Staatsgewalt alle Lebensbereiche seiner Bürger beherrschen will. D.h. auch die sozialen, geistigen und wirtschaftlichen Lebensbereiche. Entsprechend setzt die staatliche Lenkung und Beeinflussung möglichst früh ein (Deutsches Jungvolk, Hitlerjugend, FDJ)."

(Loscher, 2009, Suchbegriff: totalitärer Staat/Totalitarismus)

Die *Nationalsozialisten* wirkten demnach in allen Bereichen mit dem Ziel, die Deutschen ihrer Ideologie entsprechend zu formen und Gegner zu vernichten. *Adolf Hitler* und seine Anhänger beriefen sich dafür zum einen auf den *Sozialdarwinismus*, der die Theorie des englischen Naturforschers *Charles Darwin* vereinfachte und auf die Menschen übertrug (vgl. Lanzinner, 2008, S.324). Demnach lehrten die *Sozialdarwinisten*, dass sich im Kampf der Stärkere durchsetzen würde (vgl. Gutjahr, 2004, S. 366). Der *Nationalsozialismus* hatte also die Aufgabe, der „arischen Herrenrasse" Macht zu verleihen, wobei die „Reinhaltung der Rasse" als wichtige Voraussetzung galt. Dazu zählte das Entfernen von krankem beziehungsweise rassisch minderwertigem Erbgut aus der Volksgemeinschaft. Nach *Hitlers* Auffassung zielte diese Aufgabe vor allem auf die Juden ab, die in seinen Augen eine eigene „Rasse" bildeten und die Weltherrschaft an sich reißen wollten. Die NS-Ideologie erteilte dem „Arier" somit den Auftrag jenes zu verhindern und daher der „Retter der Weltkultur" (Lanzinner, 2008, S.325) zu werden (vgl. ebd). Diese feindliche Einstellung und Hetze gegen die Juden ging als *Antisemitismus* in die NS-Ideologie ein. Neben dem *Sozialdarwinismus* und dem *Antisemitismus* verbreitete *Hitler*, dass der „arischen Herrenrasse" gemäß ihrer Bedeutung für die Weltkultur ein angemessener „Lebensraum" gebühre. Die Lebensraum-Theorie missbrauchte das deutsche Volk für die Weltwirtschaftspläne der Nationalsozialisten. Demnach konnte der „Lebensraum" zum Beispiel nur durch Krieg langfristig erobert werden (vgl. ebd.). Darüber hinaus bestimmte das so genannte „Führerprinzip" die NS-Ideologie, welches vorsah, das deutsche Volk zu entmündigen und es zu striktem Gehorsam dem „Führer" gegenüber zu erziehen. *Hitler* bezeichnete sich selbst als herausragende Persönlichkeit, welche „eine führende Rolle innerhalb der Volksgemeinschaft einnehmen" (Lanzinner, 2008, S.325) sollte. Für die Volksgemeinschaft entwickelte er sich zum „Identifikationssymbol" (ebd.) und man empfing ihn mit dem offiziellen Gruß „Heil Hitler". Der Glaube an den Nationalsozialismus wurde, wie auch Loscher beschreibt, schon früh gelenkt zum Beispiel mit dem Aufhängen des Führerbilds in allen Schulräumen. Nach Stapelberg und Aichinger missbrauchten die Nationalsozialisten ihr Volk, in dem sie behaupteten, dass die nationale Wiedergeburt des deutschen Volkes nur gelingt, wenn sie zu einem Ganzen verschmelzen würden und jeder einzelne sich dem vom *Hitler* diktiertem „Volkswillen" unterwerfen würde (vgl. Stapelberg, Aichinger, o. J., S. 3).

2.2 Begriffsklärung: Propaganda in der NS-Herrschaft

Neben der Ideologie baute die NS-Diktatur für ihre Machtausübung einen gigantischen *Propaganda*apparat auf (vgl. Gutjahr, 2004, S. 367). Schlägt man im Fremdwörterbuch nach, findet man für den Begriff *Propaganda* folgende Definition:

> „1. schriftl. u. mündl. Verbreitung u. Erklärung von Ideen, Lehren, Anschauungen, polit.Theorien"
> (Dudenredaktion Bibliographisches Institut Leipzig, 1979, S. 619)

Schubert und Klein erweitern diese Definition mit den Worten:

> „Der Begriff P. hat [...] einen negativen Unterton und wird oft mit den politischen Manipulationen autoritärer und totalitärer Regime in Verbindung gebracht [...]."
> (Schubert, Klein, 2006, S. 242)

Hitler und seine Anhänger nutzten die *Propaganda* um die Gesellschaft nachhaltig zu beeinflussen. Für sie stellte sie die wirkungsvollste Form der „Volksaufklärung" und Manipulation der Masse dar (vgl. Lanzinner, 2008, S.

337). Die wichtigsten Propagandamittel während der nationalsozialistischen Herrschaft waren Rundfunk, Fernsehen und Film. Zum Beispiel wurde bei einer Berliner Funkausstellung im Jahr 1933 das „Einheitsradio für den deutschen Haushalt", der „Volksempfänger" vorgestellt. Damit sollte sichergestellt werden, dass alle Deutschen von der nationalsozialistischen Propaganda erreicht wurden (vgl. Mestwerdt, 1998, S. 870).

Abb.2 Der „Volksempfänger"[6]   *Abb.3 Die Wochenschau[7]*

Sogar durch Plakate (siehe Abb.2) wurde der „Volksempfänger" zum Kauf empfohlen, da damit alle ihrem „Führer" *Hitler* zuhören konnten. Dass der „Volksempfänger" erschwinglich für die Deutschen war, zeigt sich in der ansteigenden Zahl der Registrierungen des Rundfunkempfängers. Dabei kletterte die Anzahl von 4,3 Millionen im Jahr 1933 auf knapp 12,6 Millionen bis zum Juni 1939 (vgl. Brechtken, 2004, S. 69). Neben dem Rundfunk war auch das Fernsehen als Mittel zur Propaganda verwendet worden. Ein wichtiger Teil war hierbei die Wochenschau, die bestimmte Leitbilder des Nationalsozialismus propagierte. Die Abbildung 3 zeigt beispielsweise deutsche Soldaten, die durch eine starke Unterperspektive („low shot") als überlegen inszeniert wurden (vgl. Lanzinner, 2008, S. 341)[8]. Brechtken fasst zusammen, dass der Aufstieg des Nationalsozialismus im Wesentlichen dem Erfolg seiner *Propaganda* zu verdanken ist (vgl., Brechtken, 2004, S. 66). Ebenso spricht er von einem

---

[6] Mestwerdt, 1998, S. 870
[7] Lanzinner, 2008, S. 341
[8] Umfassende Erläuterungen zu den einzelnen Propagandamitteln werden hier aufgrund der Seitenvorgabe ausgelassen.

eindeutigen Ziel der *Propaganda*, das auf die „permanente Indoktrination und ideologische Gehirnwäsche im Dienst der NS-„Weltanschauung" und ihrer langfristigen politischen Ziele" (ebd., S. 70) ausgerichtet war. Inwieweit *Propaganda* bei einer Massenveranstaltung wie der der Olympischen Sommerspiele 1936 eingesetzt wurde, wird unter 2.4.2 noch genauer betrachtet. Weiterhin wird im Punkt 2.5 geklärt, welche Rolle speziell der Körper in der NS-Propaganda während dieser Olympiade eingenommen hat.

2.3 Die Olympischen Spiele

2.3.1 Wissenswertes

Die Olympischen Spiele sind das größte Sportereignis der Welt. In verschiedenen olympischen Sportarten treten Teilnehmer aller Nationen einzeln oder als Mannschaft gegeneinander an. Sie werden regelmäßig durchgeführt und gehen auf die Spiele im antiken Griechenland zurück. Hier wurde alle vier Jahre die damals so genannte „Olympiade" fast 1000 Jahre lang in der Stadt Olympia ausgetragen, um den Gott Zeus zu ehren. Nach dem Verbot der Olympischen Spiele im Zuge der Christianisierung 393 n.Chr. entwickelte sich die „Idee, die Olympischen Spiele >>in modernisierter Gestalt, aber unter möglichster Annäherung an die Antike und auf internationaler Grundlage << wieder aufleben zu lassen" (Der Fischer Weltalmanach, 2008, Stichwort online: Olympische Spiele). Vater dieser Idee war der französische Gelehrte *Pierre de Coubertin*, der mit der Gründung des *Olympischen Komitees* 1994 einen großen Schritt für die Wiedergeburt und - entdeckung der Olympischen Spiele getan hatte. Im Jahr 1896 begannen bereits die ersten olympischen Sommerspiele der Neuzeit in Athen, die wie in der Antike alle vier Jahre stattfanden. Im Jahr 1924 wurden erstmalig die Olympischen Winterspiele eingeführt, die im gleichen Jahr wie die Sommerspiele ausgetragen wurden. Seit 1994 werden sie jedoch im zweijährigen Wechsel mit den Sommerspielen durchgeführt. Die Olympischen Spiele werden schon immer als ein großes Sportfest gesehen, welches ihre Zuschauer aus aller Welt mit sportlichen

Höchstleistungen und den kulturellen Darbietungen begeistert (vgl. Deutsche Olympische Gesellschaft, 2010, Rubrik: Olympia/ Olympische Spiele).

2.3.2 Ziele und Werte der Olympischen Bewegung

> "Olympismus ist eine Lebensphilosophie, die gleichsam die Bildung von Körper und Geist anstrebt. In der Verbindung des Sports mit Kultur und Erziehung soll ein Lebensstil entwickelt werden, der Freude an der Leistung mit dem erzieherischen Wert des guten Beispiels und dem Respekt vor universalen und fundamentalen ethischen Prinzipien verbindet."
> (Pierre de Coubertin)[9]

Der heutige Gedanke des *Olympimus* geht auf die Ideologie von *Pierre de Coubertin* zurück. Das obige Zitat zeigt seine *Olympische Idee*, die die grundlegenden Olympischen Werte der Olympischen Bewegung umfasst. Lenk fasst die „unerschöpflichen Ideen und Auslegungen Coubertins" (Blödorn, 1984, S.8) zu sechs grundlegenden Werten zusammen (s. Anhang, S. 23). Er spricht hierbei von der menschlichen Vervollkommnung, dem Einklang antiker und moderner Grundzüge, der religiösen Bindung, der sozialen Begegnung und Verständigung, der Unabhängigkeit der olympischen Bewegung und den Spielen als Mittel nationaler Erziehung[10]. Nach vielen Konferenzen und der Gründung des *Olympischen Komitees* sah *Coubertin* seine Ideen und Ideale endlich verwirklicht. Sein Grundgedanke bestand darin, den Sport zu nutzen um alle Länder zusammenzubringen und zwischen den Völkern eine Freundschaftsbeziehung aufzubauen. Der sportliche Wettkampf sollte daher frei von politischen, sozialen und religiösen Unterschieden sein (vgl. Carl- Diem Institut, 1967, S.23). Für die Umsetzung des Grundgedanken *Coubertins* wurde schon damals eine Charta von Regeln festgelegt, die dem IOC[11] zur Organisation der Olympischen Spiele dienen sollte. Heute hat sich die Olympische Charta (Fassung vom 1.7.2007) zu einem Regelwerk mit über 50 Seiten entwickelt.

---

[9] Deutsche Olympische Gesellschaft, 2010, Rubrik Olympia
[10] umfassenden Erläuterungen in Lenk, 1972, S.282 oder im Anhang siehe Übersichtstafel: Olympische Spiele und Werte- Art und Ausmaß der Verwirklichung und deren Folgen
[11] Internationales Olympisches Komitee

2.4 XI. Olympische Sommerspiele Berlin 1936:
Die Propagandaspiele

2.4.1 Die besondere Bedeutung der Olympischen Spiele 1936

Im Zuge der neuzeitlichen olympischen Bewegung erwähnt Blödorn, dass Regeln, Werte und Ziele auch verfehlt, verletzt oder missbraucht werden können (vgl. Blödorn, 1984, S.8). Dabei wird die friedliche Sportwelt „ gegen ihren Willen von Politik und Wirtschaft je nach Absicht oder Bedürfnis zweckentfremdet und außerpolitischen Zielen dienstbar gemacht" (edb.). Dass diese Aussage auch auf die Olympischen Sommerspiele von 1936 zutrifft wird im Folgenden genauer erläutert.

„Propaganda-Spiele", „Spiele des Führers" und „Spiele unter dem Hakenkreuz" sind nur einige Bezeichnungen für die XI. Olympischen Spiele, die vom 1.-16. August 1936 unter dem Nationalsozialismus in Berlin stattfanden. Sie waren die ersten Spiele, die in einer Diktatur erfolgten, womit ihnen eine besondere Bedeutung zukommt (vgl. Teichler, 1984, S. 47). Bei der Vergabe der Olympischen Spiele 1931 an das sozialdemokratische Berlin, lehnte die NSDAP die olympische Bewegung noch ab und betitelte sie als >>geistige Verwirrung<<. Grund dafür war die Unvereinbarkeit der nationalsozialistischen Ideologie mit den Idealen der modernen olympischen Bewegung. Beispielsweise sprachen die Nationalsozialisten von einer dominanten „Herrenrasse" und von der Ablehnung der Farbigen und der Juden, was dem olympischen Ideal der Rassentoleranz gegenüberstand. Als die Nationalsozialisten kurz vor der Macht standen, verblassten jedoch die ideologischen Vorbehalte schnell. Sie hatten erkannt, dass in dem weltgrößten Sportfest ein *Propaganda*-Potenzial steckt (vgl. Eckhardt, 2010, S. 236) und die „Möglichkeit der Selbstdarstellung und Werbung für das Dritte Reich" (Krüger, 1997, S. 73) enorm sein würde. Daher entschied sich der Diktator *Hitler* doch für die Austragung der Spiele 1936 in Berlin. Er und seine Anhänger verfolgten nun einen großen *Propaganda*-Plan, der neben offenen Zielen auch verdeckte enthielt. Ein Ziel, das auch in nationalsozialistischen Zeitschriftenartikeln, Rundschreiben et cetera kundgegeben wurde, war, dass Olympia dazu dienen sollte, „das Ansehen Deutschlands und des Nationalsozialismus in der Welt zu steigern" (Eckhardt, 2010, S. 235). Man wollte nach außen ein friedliches Deutschland präsentieren, das sich zudem „stark, sauber, diszipliniert und >>nordisch<<" (Winkler, 1972, S.36) zeigen sollte. Durch das nach außen propagierte >>Friedensfest<< blieb jedoch das parallel betriebene Ziel, Deutschland aufzurüsten, verdeckt. Nach innen verfolgte die Propaganda demzufolge, dass die Deutschen auf einen bevorstehenden Krieg vorbereitet werden. Hierfür sollte ihr Wehrwille durch die Förderung der Sportbegeisterung gestärkt und das >>Heranzüchten kerngesunder Körper<< gefördert werden (vgl. Eckhardt, 2010, S. 237). Hiermit wird angerissen, dass auch der Körper in der NS- *Propaganda* eine entscheidende Rolle einnahm. Auf den Körper als *Propaganda*mittel wird deshalb unter dem Punkt 2.5 noch einmal genauer eingegangen.

2..4.2 Der Propagandaapparat während der Olympischen Spiele 1936

Die Olympischen Sommerspiele 1936 waren die ersten Spiele, die als Medienspiele bezeichnet wurden, da sie den Sport zu einem Medienereignis machten. Übertragungen und Berichte erfolgten live über Hörfunk oder über das neue Medium Fernsehen. Diese Berichterstattung für die Menschen aus aller Welt war Teil des schon erwähnten *Propaganda*-Plans (vgl. Eckhardt, 2010, S. 235). Jedoch gab es verschiedene Manipulationen im Bereich der Presse und Rundfunk, auf die Bohlen genauer eingeht. Er spricht hierbei von Presseanweisungen, Falschmeldungen, Nachrichtenunterdrückung und der Bestechung von ausländischer Presse (vgl. Bohlen, 1979, S. 79). Somit wurden seitens der Nationalsozialisten die inhaltlichen Vorstellungen der Pressemitteilungen jeglicher Art sichergestellt. Beispielsweise veränderte man Aussagen von *Coubertin* absichtlich zugunsten des faschistischen Systems (vgl. Bohlen, 1979, S. 81f.) oder *propagierte* gegenüber dem Ausland die vermeintliche Gleichbehandlung der Juden in Deutschland (ebd., S.80). Gelenkt wurde die gesamte *Propaganda* durch die Presse, im Inland und Ausland vom Olympischen *Propaganda*-Ausschuss, der Anfang 1934 durch den *Reichsminister für Volksaufklärung und Propaganda Joseph Goebbels* ins Leben gerufen wurde (vgl. Grothe, 2008, F.A.Z. online). Ziel der

Auslandspropaganda war es, das Interesse für Deutschland und an der Olympiade 1936 zu wecken. Dafür sollte das Bild eines friedensliebenden Deutschlands vermittelt werden, dass die Olympischen Grundsätze einhält (vgl. Bohlen, 1979, S.84). Es wurden 280.000 Werbeplakate in neunzehn Sprachen verfasst. Die ausländischen Zentralen der „Reichsbahnzentrale für den Deutschen Reiseverkehr" machten enorme Werbung für Reisen nach Deutschland. Hinzu kamen etliche „Olympia-Empfänge" im Ausland, die ebenfalls die Friedensliebe vermitteln sollten(vgl. Grothe, 2008, F.A.Z. online). Die Inlands*propaganda* versuchte ihr Primärziel, die Stärkung des Wehrwillens der Deutschen, durch das nationalistisch- orientierte Motto „Olympia-eine nationale Aufgabe" zu erreichen (vgl. Bohlen, 1979, S. 85). Bohlen spricht davon, dass die Inlands*propaganda* bereits auf die Zeit nach der Olympiade ausgerichtet war und „der Bevölkerung noch intensiver die ideologischen Positionen des Faschismus und des faschistischen Sportes 'einzuimpfen'" (ebd., S. 86) versuchte. Hierzu wurden beispielsweise Veranstaltungen wie „Olympia-Werbeabende", „Reichssportwerbewochen" und „Olympia und Schule" organisiert (ebd.). Als besonders galt der Olympia- Ausstellungszug, der durch ganz Deutschland reiste. Laut des Olympischen *Propaganda*-Ausschusses klärte er die Bevölkerung über die mögliche Auswirkung des Sportgeschehens Olympia auf die internationalen Beziehungen Deutschlands auf (vgl. Grothe, 2008, F.A.Z. online). Zusammenfassend lässt sich hier die Aussage eines Autors im Reichssportblatt von 1935 anführen, die in den oben aufgeführten *Propaganda*maßnahmen zur Geltung kommt: „Die Olympischen Spiele 1936 werden für das nationalsozialistische Deutschland von geradezu ungeheurer Bedeutung sein! Diese Behauptung wird jedem sofort einleuchten, der nur einen Augenblick darüber nachdenkt, dass durch die Olympiade 1936 unser Vaterland wochenlang in den Mittelpunkt des Weltgeschehens gerückt wird. Mit diesen Spielen ist uns ein unschätzbares Propagandamittel in die Hand gegeben worden…" (Teichler, 1991, S.164)[12].

---

[12] zitiert nach Angermeyer, F.: Hymne an Berlin. In: "Reichssportblatt" 2 (1935) 21, 583.

2.5 Die Rolle des Körpers in der NS-Propaganda während der Olympischen Sommerspiele 1936

Die Olympischen Spiele waren jedoch nicht nur ein willkommener Anlass für die In- und Auslands*propaganda*, sondern auch für die Inszenierung und Instrumentalisierung des Körpers beziehungsweise der nationalsozialistischen Körperideologie. Schon nach der Machtübernahme im Jahr 1933 verbreiteten die Nationalsozialisten ihr Ideal vom „gesunden, reinen und schliesslich arischen Körper" (Trachsel, o.J., S.7). Schon vor den Spielen 1936 hatte der Körper demnach einen durchaus hohen Stellenwert. Er war Mittelpunkt der körperlichen Ertüchtigung, die einen gesunden „Volkskörper" für die Wehrertüchtigung und den Einsatz im Krieg hervorbringen sollte. Diesen gesunden und schönen Körper nutzen die Nationalsozialisten schon damals als *Propaganda*mittel. Trachsel bezieht sich im Hinblick darauf auf die Olympischen Spiele 1936, die er den „Höhepunkt der Instrumentalisierung" (Trachsel, o.J., S.7) nennt. Folglich möchte ich unter bestimmten Gesichtspunkten genauer darstellen, welche Rolle der Körper in der NS-Propaganda während der Olympischen Spiele 1936 einnahm.

2.5.1 Der Körper im Bereich Sport

Wie schon erwähnt, war Olympia eine große Möglichkeit die Ideologie der Nationalsozialisten zu *propagieren*. Dabei spielte auch der Körper eine große Rolle im Bereich des Sports und somit auch während des Sportereignisses der Olympischen Spiele 1936. Im Nationalsozialismus war der Sport bis dato für die Kampf-Ideologie und für das Hervorbringen von gesunden Körpern benutzt worden. Während der Spiele wurde die nationale Pflicht, den Körper für die Verteidigung des Vaterlandes vorzubereiten und gesund zu halten, weiter *propagiert* und im Bewusstsein des Volkes "eingepflanzt". Auch die Zuschauer sollten durch die Spiele in ihrem Wehrwillen und der Gesundheit des Körpers gestärkt werden, da sie sich immer mehr für den Sport begeistern würden. Diese Begeisterung sollte vor allem durch das offizielle Schönheitsideal des gesunden, schönen und gestählten Körpers der Athleten und Athletinnen geweckt werden. Darüber hinaus erzielten die >>tadellos trainierten Körper<<

(vgl. Eckhardt, 2010, S.237) der Deutschen während der Spiele 1936 enorme Erfolge, wodurch der Körperkult der NS-Zeit immer mehr an Bedeutung gewann.

„Der Sportler selbst wird Anschauungsmaterial und sein Körper Objekt des Begehrens (…). Doch nicht nur der Körper, sondern auch dessen Akt, die Performance, soll begehrt und auch nachvollzogen werden(…). Dieses an Sport und Körper geknüpfte Begehren nimmt der Nationalsozialismus auf und fügt es in seine Körperpolitik und in seine Inszenierung der Spiele ein." (Wildmann, 1998, S.130)

Neben dem sportlichen Einsatz für das Vaterland wurden auch „soldatische Ideale wie Einsatz- und Risikobereitschaft, Disziplin und Durchhaltevermögen propagiert" (Semrad, 2009, S.33). Die *Propaganda* mit dem Sportlerkörper und seinen Eigenschaften verfolgte also auch während der Spiele klare Ziele, wodurch der Sport an sich auch nicht als zweckfreies Spiel betrachtet werden kann (vgl. Zeilmann, 2011, S.2). Man wollte mit dem Medium Sport ganz gezielt Einfluss auf den Körper des Individuums ausüben und missbrauchte ihn somit als Mittel des Staates (vgl. Semrad, 2009, S. 33).

2.5.2 Der Körper im Bereich Rassismus

Während der Olympischen Spiele sollte nicht nur mit dem Medium Sport sondern auch mit der „Rasse" die Körperideologie der Nationalsozialisten verwirklicht werden. Die Differenz der Rassen wurde bei den Olympischen Spielen vor allem durch die Körper vermittelt. Der Nationalsozialismus hatte den männlichen „arischen" Körper als Ideal *propagiert,* der tadellos geformt, sportlich und schön war. Zusätzlich bestimmte man ihn durch lange, gerade Nasen, helle Augen, lange, schlanke Gliedmaßen und andere Zahlen und Maße. Jeder, der diesem Körperideal des „Ariers" nicht entsprach, wurde demzufolge als „Nichtarischer" betrachtet (vgl. Semrad, 2009, S. 53). Zu den „Nichtariern" zählten zum großen Teil die Juden, die einen „Judenkörper" besaßen, der durch Plattfüße, dicke Bäuche, krumme Nasen und gebückte Haltung stereotypisiert wurde (vgl. ebd., S.54). Im Gegensatz zum Judenkörper hatte der „arische" Körper eine aufrechte Haltung, die für die Nationalsozialisten vor allem als „Ausdruck des Willens und der Selbstbeherrschung" (ebd.) diente. Semrad erwähnt, dass in diesem Zusammenhang die Olympischen Spiele von 1936 die Möglichkeit boten, diese nationalsozialistische Kategorisierung auszutesten und zu beweisen. Die Spiele stellten also einen Wettkampf zwischen „arischen" Sportlern und „nichtarischen" Sportlern dar, der die Überlegenheit der „arischen Rasse" beziehungsweise des „arischen" Körpers *propagieren* sollte. Der erste Rang der Deutschen im Medaillenspiegel bekräftigte schlussendlich die rassistische Körpertheorie und die Annahme der Überlegenheit „arischer" Körper.

2.5.3 Der Körper im Bereich Kunst

Abgesehen vom Rassismus wurde neben dem Sport auch die Kunst für die Darstellung des perfekten Körpers genutzt. Hierbei ist meist die Rede von der Plastik, einer Kunstform, die dreidimensionale Kunstwerke hervorbrachte. Die Plastik half den Nationalsozialisten während der Olympischen Spiele zur visuellen Verbreitung ihres Körperideals der „arischen Rasse", welches schon durch den Sport *propagiert* wurde. Die Skulpturen von kräftigen, gesunden Körpern sollten dem Volk im Sinne *Hitlers* als Vorbild und Orientierung dienen (vgl. Wildmann, 1998, S. 26). Wildmann fügt in diesem Zusammenhang hinzu, dass „Sport und Kunst das >>Volk<< für den Kampf um >>Lebensraum<< erziehen [sollen]" (ebd.).

Die bekanntesten Plastikkünstler der NS- Zeit waren Arno Breker und Josef Thorak, die mit ihrer Kunst den perfekten Körper nach antikem Vorbild formten. Denn in *Hitlers* Augen gehörten die antiken Griechen und die modernen Germanen derselben „arischen Rasse" an. Die Kunstform der Plastik berief sich dabei vor allem auf den athletischen Körperbau und die Nacktheit der damaligen antiken Kunst. Die angefertigten Skulpturen wurden während der Olympischen Spiele 1936 vor allem in der Öffentlichkeit aufgestellt. Somit fand man beispielsweise beeindruckende Skulpturen an den Eingangstoren vom Reichssportfeld (vgl. Szemethy, 2007, S.9f.). Der >>Zehnkämpfer<< von Arno Breker (s. Abb.4) und der >>Boxer<< von Josef Thorak (s.Abb. 5) waren solche

Skulpturen, die das nationalsozialistische und an die Antike angelehnte Körperideal *propagierten*.

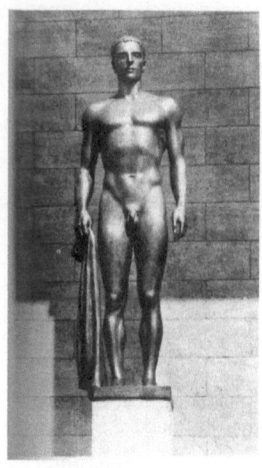

Abb. 4 Zehnkämpfer[13] von Breker   *Abb.5* Boxer[14] von Thorak

Delbrouk erwähnt bestimmte Parallelen der beiden Skulpturen, „die das offizielle *propagierte* Schönheitsideal kennzeichnen: (...) eine angespannte und deutlich sichtbare Muskulatur, die Kraft und Vitalität verheißt, eine aufrechte und stolze Körperhaltung sowie ein ausdrucksloses Gesicht, welches verdeutlicht, dass die Figuren als Körper Ausdruck einer Idee sind und keine Individuen. Vorherrschend ist das Prinzip der Starre, das Selbstkontrolle verspricht und in der Lage ist, Gefahren am „Muskelpanzer" abprallen zu lassen (...)" (Delbrouk, 2004, S. 187). Die Kunst hatte also auch neben den anderen Medien als Aufgabe, das vorgesehene Körperideal darzustellen und zu *propagieren*.

---

[13] Hoffmann, 1993, S. 37
[14] Hoffmann, 1993, S. 35

2.5.4. Der Körper im Bereich Film

Ähnlich wie der Kunstform Plastik kann auch dem Film eine Vorbild- und *Propaganda*funktion zugewiesen werden, da er neben der Darstellung der antisemitischen Ideen auch das offizielle Körperbild des deutschen Staates entscheidend mitbestimmte. Zu den wichtigsten Filmen, die die Olympischen Spiele 1936 dokumentierten, zählten „Fest der Völker" und „Fest der Schönheit" von Leni Reifenstahl[15]. Da die filmische Dokumentation der Olympischen Spiele seit 1912 verpflichtend war, ernannte *Hitler* 1935 Leni Riefenstahl zur Regisseurin dieses geplanten Olympia-Films (vgl. Wildmann, 1998, S. 23ff.). Im Dritten Reich gab es wichtige *Propaganda*filme wie *Jud Süß, Der ewige Jude* oder *Der große König*. Der Höhepunkt, der das Kino jedoch zum Massenerlebnis machte, war die Ausstrahlung der offiziellen Olympia-Filme von Leni Riefenstahl 1938. Vor allem die, die dem großen Sportereignis Olympia nicht beiwohnen konnten, bekamen durch einen *propagandistisch* gefärbten Film einen nachträglichen Eindruck von den Olympischen Spielen 1936 (vgl. Delbrouk, 2004, S. 169 f.). In diesem Olympia - Film, den Leni Riefenstahl in zwei Hälften teilte, wird vor allem „der Rekurs der Olympischen Spiele auf die Antike deutlich" (Semrad, 2009, S. 31). Neben antiken Bauten und griechischen Gottheiten wird auch das nationalsozialistische Körperbild im Film visualisiert. Ähnlich der Kunst wird hierbei das Körperideal der Griechen auf den deutschen Athletenkörper übertragen. Hierfür zeigt Leni Riefenstahl antike Statuen, „die langsam in den deutschen Athletenkörper übergeblendet werden, die exakt die gleiche Pose einnehmen" (Semrad, 2009, S. 31). Mit dem Film von Leni Riefenstahl wurden demnach die nationalsozialistischen Ideologien, speziell die Körperideologie *propagiert*.

2.5.5 Der Körper im Bereich Werbung

Um die Rolle des Körpers in der NS-Propaganda während der Olympischen Spiele 1936 weiterhin zu betrachten, kann das offizielle Werbeplakat der Spiele

---

[15] *1902 - † 2003

1936 angeführt werden (s. Anhang, S.24). Das Plakat wurde vom Offiziellen *Propaganda-* Ausschuss entworfen und zeigt neben der Quadriga des Brandenburger Tors und der Olympischen Ringe auch den menschlichen Körper (vgl. Baldrich, 2009, Archiv Sportmuseum online). Dass das Plakat ebenfalls für die *Propaganda* des idealen Körpers verwendet wurde, wird im Folgenden durch eine kurze Plakatanalyse belegt.

Der Körper, beziehungsweise der Oberkörper des Mannes, nimmt auf dem Plakat einen großen Platz ein und erhält damit eine zentrale Rolle. Er scheint sogar überdimensional groß zu sein, da er sich hinter der Quadriga „erhebt". Er ist muskulös gebaut, kräftig und vermutlich nackt. Das Gesicht mit Augen, Nase und Mund ist symmetrisch und scheint ohne Makel zu sein. Zudem ist er vergoldet dargestellt, mit einem Lorbeerkranz bestückt und hat den Arm zum Gruß erhoben. Der Körper auf dem Plakat versinnbildlicht das Körperideal der Nationalsozialisten in allen Bereichen. Vor allem die Merkmale des „arischen" Männerkörpers wie Kraft, Sportlichkeit und Schönheit werden durch die auffälligen Muskeln visualisiert. Hinzu kommen die aufrechte Haltung oder die gerade Nase. Die Nacktheit ist wie in der Kunst eine Darstellung der Antike, welche auf die Gesundheit und die Natürlichkeit des Körpers hindeuten soll. Der Körper ist darüber hinaus in Gold dargestellt, wodurch das Siegessicherheit und Überlegenheit der „arischen" Rasse verbildlicht sind. Unterstützt wird der Siegesgedanke der Nationalsozialisten durch die Abbildung eines Lorbeerkranzes, der auch Siegerkranz genannt wird. Die Überlegenheit und Machtdemonstration wird zusätzlich durch den überdimensional großen Körper dargestellt. Der Arm ist zum *Hitler-* Gruß erhoben und zeigt, dass die Spiele „die Spiele des Führers" waren. Zusammenfassend kann dem Körper auf dem Werbeplakat eine zentrale Rolle zugesprochen werden. Er verkörpert eindeutig die *propagierten* Ideale der Nationalsozialisten, die durch die Produktion des Plakates in mehreren Sprachen sogar weltweit verbreitet werden konnten.

3.Fazit

Im Laufe meiner Arbeit konnte ich feststellen, dass den Olympischen Spielen 1936 eine besondere Bedeutung in der Geschichte der Olympischen Spiele zukommt. Die Nationalsozialisten missbrauchten das große Sportgeschehen für ihre *Propaganda*zwecke. Anhand meiner Untersuchungen wird deutlich, dass insbesondere der Körper in verschiedenen Bereichen eine große Rolle gespielt hat. Die Olympischen Spiele 1936 sollten der Welt ein friedliches Deutschland präsentieren und dabei von den tatsächlichen politischen und militärischen Absichten ablenken. Man wollte die Aufrüstung für einen anstehenden Krieg tarnen, dementsprechend kerngesunde Körper heranzüchten und das Volk in ihrem Kampfwillen stärken. Die Olympischen Spiele, speziell auch der Körper, wurden demnach bewusst für die Außen- und Innen*propaganda* der Nationalsozialisten in Anspruch genommen.

Anhand der Literatur musste ich erkennen, dass das Thema weitaus tiefgreifender behandelt werden kann und noch viele andere Hintergründe beleuchtet werden könnten. Da der Rahmen dieser Arbeit jenes jedoch nicht zulässt, mussten an vielen Stellen Informationen gekürzt und sogar ausgelassen werden. Dennoch denke ich, dass der aufgeführte historische Hintergrund und die Beschäftigung mit der Ideologie der Nationalsozialisten ausreichend war, um die Fragestellung in Bezug auf den Körper klären zu können.

Abbildungsverzeichnis

Literaturverzeichnis

Baldrich, G. (2009). *Werbeplakat Spiele der XI. Olympiade 1936, Berlin*. Zugriff am 10. März 2011 unter http://archiv.sportmuseum.info/plakate/werbeplakat-x%CE%B9-olympische-spiele-1936-berlin/

Brechtken, M. (2004). *Die nationalsozialistische Herrschaft 1933-1939*. Darmstadt: Wissenschaftliche Buchgesellschaft.

Bohlen, F. (1979). *Die XI. Olympischen Spiele Berlin 1936. Instrument der innen- und außenpolitischen Propaganda und Systemsicherung des faschistischen Regimes*. Köln: Pahl- Rugenstein Verlag.

Blödorn, M. (Hrsg.). (1984). *Sport und Olympische Spiele*. Reinbek: Rowohlt Taschenbuch Verlag GmbH.

Carl- Diem Institut (1967). *Carl Diem- Der olympische Gedanke. Reden und Aufsätze*. Köln: Carl- Diem Institut.

Delbrouk, M. (2004). *Verehrte Körper, verführte Körper. Die Olympischen Spiele der Neuzeit und die Tradition des Dionysischen*. Tübingen: Max Niemeyer Verlag.

Der Fischer Weltalmanach (2008). *Olympische Spiele*. Zugriff am 3. März unter http://www.weltalmanach.de/nachricht/nachricht_detail.php?id=2708

Deutsche Olympische Gesellschaft (2010, 6.September). *Olympische Spiele*. Zugriff am 3. März unter http://www.dog-bewegt.de/olympia/olympische_spiele.html

Dudenredaktion des VEB Bibliographisches Institut Leipzig (Hrsg.).(1979). *Großes Fremdwörterbuch* (2., unveränderte Auflage). Leipzig: VEB Bibliographisches Institut Leipzig.

Eckhardt, F. (2010). *Olympia im Zeichen der Propaganda. Wie das NS-Regime 1936 die ersten Medienspiele inszenierte*. In B. Heidenreich, S. Neitzel (Hrsg.), Medien im Nationalsozialismus (S. 235-251). Paderborn: Ferdinand Schöningh.

Grothe,E. (2008). *Olympische Spiele 1936. „Ganz und gar ein politisches Unternehmen"*. Zugriff am 5. März 2011 unter http://www.faz.net/s/Rub68FDA4A608754C02AC66D51F934B1607/Doc~E36A2009BC705463DAD108F7376D0828F~ATpl~Ecommon~Sspezial.html

Gutjahr, Prof. H.-J. (2004). *Abiturwissen Geschichte*. Mannheim: Bibliographisches Institut & F.A. Brockhaus AG.

Hoffmann, H. (1993). *Mythos Olympia. Autonomie und Unterwerfung von Sport und Kultur*. Berlin und Weimar: Aufbau Verlag.

Instiut für Sport und Sportwissenschaften Universität Basel (2007). *Olympic Spirit: Werte, Einflüsse und Perspektiven der Olympischen Bewegung*. Zugriff am 3. März 2011 unter http://www.labb.ch/uploads/ausbildung/olympic_spirit.pdf

Krüger, M. (1997). *Olympische Spiele in Deutschland: ausgefallen, mißbraucht, überschattet, gescheitert*. In O. Gruppe (Hrsg.), Olympischer Sport. Rückblick und Perspektiven (S. 71-84). Schorndorf: Hoffmann.

Lanzinner, M. (2008). *Buchners Kompendium Geschichte. Von der Antike bis zur Gegenwart*. Bamberg: Buchners Verlag.

Lenk, H. (1972). *Werte, Ziele, Wirklichkeit der modernen Olympischen Spiele* (2. verbesserte Auflage). Schorndorf: Hoffmann.

Loscher,C.(2009, 5.April). *Totalitärer Staat/Totalitarismus*. Zugriff am 02. März 2011 unter http://www.lexexakt.de/glossar/totalitaer.php

Mestwerdt, R. (1998). *Lernen heute. Grundstock des Wissens*. Köln: H+L Verlag.

Schubert, K., Klein, M. (2006). *Politiklexikon* (4., aktualisierte Auflage). Bonn: Verlag J.H.W. Dietz Nachf. GmbH.

Semrad, S. (2009). *Die Olympischen Spiele 1936 in Berlin und ihre theatralen Aspekte*. Zugriff am 5. März 2011 unter pdf http://othes.univie.ac.at/6697/1/2009-09-07_0301380.pdf

Stapelberg, M., Aichinger, F. (o.J.). *Die nationalsozialistische Ideologie*. Zugriff am 2.März 2011 unter http://michael.stapelberg.de/Dokumente/NS_Ideologie.pdf

Szemethy, H. (2007). *Stadien- Siege- Skandale. Sport im Wandel der Zeiten*. Zugriff am 8. März 2011 unter http://klassarchaeologie.univie.ac.at/fileadmin/user_upload/inst_klassarc/Sammlung/St adien-Siege-Skandale/Sport_neu.pdf

Traschel, R. (o.J.). *Fitness und Körperkult. Entwicklungen des Körperbewusstseins im 20. Jahrhundert*. Zugriff am 9. März unter: http://www.palma3.ch/fitness/pdf/02.pdf

Teichler, H.-J. (1984). *1936- ein olympisches Trauma. Als die Spiele ihre Unschuld verloren*. In M. Blödorn (Hrsg.), Sport und Olympische Spiele (S. 47-76). Reinbek: Rowohlt Taschenbuch Verlag GmbH.

Teichler, H.-J. (1991). *Internationale Sportpolitik im Dritten Reich*. Schorndorf: Hofmann.

Wildmann, D. (1998). *Begehrte Körper. Konstruktion und Inszenierung des >>arischen<< Männerkörpers im >>Dritten Reich<<*. Würzburg: Königshausen & Neumann.

Winkler, H.- J. (1973). *Sport und politische Bildung. Modellfall Olympia* (2.Auflage). Opladen: Leske Verlag.

Zeilmann, K. (2011). *Rechtsextremismus und Sport. Der Körper als Kriegsinstrument*. Zugriff am 6. März unter http://www.focus.de/wissen/bildung/Geschichte/nationalsozialismus/tid21127/rechtsextr emismus-und-sport-der-koerper-als-kriegsinstrument_aid_593980.html

ANHANG

Übersichtstafel: Olympische Ziele und Werte — Art und Ausmaß der Verwirklichung und deren Folgen

Werte/Ziele (Coubertin)	Verwirklichung	Fördernde Folgen [Funktionen, Bezug: (4.1.)]	Hindernisse der Verwirklichung	Störende Folgen der Hindernisse [Disfunktionen, Bezug: (4.1.)]	Grad der Verwirklichung (4.2.)
A. Menschliche Vervollkommnung IV 2.5)***	Olympische Spiele als Prüfstein und Herausforderung an den Sportler, sich zu bewähren. Anreiz für die Persönlichkeitsentwicklung	Positive Übertragung (der Erfahrungen auf andere Aufgabenbereiche)	Fanatischer Ernst im Sport, Ruhmsucht, Überheblichkeit, Unsportlichkeit. Die Spiele können zu solchen unerwünschten Eigenschaften auch verführen	Persönliche Spannungen und Schwierigkeiten, sich in Gruppen einzufügen. Öffentliche Kritiken. Schäden für das Ansehen der Spiele. Negative Übertragung oder Verhaftenbleiben im Sportlichen	$\frac{1}{2}$
1. Teilnahme („Teilnahme ist wichtiger als der Sieg") (d 1.2)	Olympia-Ausscheidungskämpfe als Voraussetzung für die Teilnahme. Nur Spitzensportler starten beim Olympia.	Teilnahme weitet den Erfahrungshorizont, schafft öffentliches Auftreten, die Selbsteinschätzung), ermöglicht erst, daß die anderen olympischen Ziele verwirklicht werden. Bereits die Teilnahme k a n n Erziehungsvorgänge auslösen. — Stolzes Bewußtsein, „dabei zu sein"	Widerstreit zum „Citius, altius, fortius" (A 4.). — Bedingungen der Teilnahmemöglichkeit, der Finanzierung schränken die Teilnahmezahlen ein. Manche Weltspitzenathleten fahren deshalb nicht zu den Spielen, weil sie im eigenen Lande die weltbesten Gegner finden (US-Leichtathleten). — Sportverletzungen. — Mangel an Zeit für das Vorbereitungstraining.	Unschlässigkeit im IOC über den Widerstreit: Teilnahme-Idee — Höchstleistung; daher Folgewidrigkeiten in der Programmierung. Ansatzpunkt für Spannungen zwischen olympischen Verbänden. (Die Teilnahme s i c h e r t noch keine Erziehung)	+
2. Körperliche Leistungsfähigkeit und gesundheitliche Werte (d 1.5., c 2.4.)	Langwährendes, systematisches Training, das alle Energien beansprucht	Körperliche Bestentwicklung. Ausgleich gegenüber der Berufsarbeit. Schule der „Notfallfunktion" (plötzlich alle Kraftreserven freizusetzen)	Zeit- und kräfteverschleißendes Übertreiben der olympischen Vorbereitung. Sportverletzungen	Möglicherweise gesundheitliche Schäden. Vernachlässigen anderer (wichtigerer) Aufgaben (Beruf)	$\frac{1}{2}$
3. Wettkampferlebnis (Sieg und Niederlage) (d 1.4., d 2.3)	Wettkampf mit dem sportlichen Gegner auf höchstem Niveau. Härtester Willenseinsatz vor weltweiter Öffentlichkeit	Leistungsbewußtsein, „stolz. (D 1.-7.) Schule der Selbstdurchsetzung und -bewährung. Zustandekommen der Spiele. Als Schauspiel verantwortlich für die öffentliche Anteilnahme	Echte Feindseligkeit, das „Miteinander" wird zum „Gegeneinander" aus Ruhm- oder Gewinnsucht. Unsportliche Zwischenfälle	Stören die Feststimmung, erzeugen Abneigungen oder unsportliches Vergelten. Publikumsskandale	+
4. Höchstleistung, persönliche Bestleistung (d 1.1.)	Leistungsvergleich. „Citius, altius, fortius". Anreiz durch Medaillen und Siegehre. — Rekorde. Starker Leistungsanstieg von Olympiade zu Olympiade. Weltmeisterschaften aller olympischen Sportarten	Vervollkommungsanteireiß für Sportler und die ganze Sportbewegung. Selbsteinschätzungskorrektiv. Die Spiele heben die Leistungshöhe der Spitzensportler in aller Welt. Ehre des Olympiasieges und der Teilnahme. Anreiz zum Nacheifern	Schwierigkeiten objektiven Leistungsvergleichs (Messung, Fehleinschätzung, Unfairneß, Punktwertungen). Undurchmäßiges Training, Ungenügsame Auslagen oder mangelnder Kampfeinsatz. (A 9.)	Zuschauerproteste. Enttäuschung beim Sportler (Minderwertigkeitsempfinden). Der „versagende" Sportler verfällt öffentlicher Kritik oder Mißachtung. (A 2.)	+
5. Leistungselten-Idee (e 1.)	Weltspitzenathleten. Leistungsabstufung durch den Kampf. — Leistungswille. Freiwilliges Sichselbst-einsetzen (A 9.)	Selbstwertbestätigung, Fortdauernde Wertschätzung und Initiative-Weckung in der Sportwelt und darüber hinaus. Übertragung (A). Vorbildwirkung. Auslese künftiger Sportleiter	„Starhafte" Überschätzung und Verhaltensweisen. Einseitigkeit (A 9., A 6.)	Entwertung der Vorbildwirkung	+
6. Erzieherische Werte für die Umwelt (e 1.3., IV 2.5.4.)	Zuschauen (F 3.), Hören, Lesen über die Spitzenwettkämpfe der Leistungseliten — durch Filme, Fernsehen gesteigert und gesteuert — als Anreiz zum Nachahmen (Leistung, fair play)	(A, A 2., A 9.). Erziehungswirkung auch auf den Athleten selbst	Mangelnde Wertverbundenheit. Unsportliches Verhalten der Sportler oder Zuschauer. Wirkung des schlechten Beispiels auf Nacheifernde. — Lähmende Auswirkungen der Höchstleistungen	Das Prestige der Spiele in den geistigen Schichten leidet.	$\frac{1}{2}$

*** Verweise in dieser ersten Spalte der Tafel kennzeichnen die vorangehenden Einzelabschnitte, die den betreffenden Wert beschreiben. Verweise in den anderen Spalten beziehen sich auf die Unterteilung der Tafel selbst und zielen stets in die Spalte, in der sie stehen.

282

Lenk, H. (1972). Werte, Ziele, Wirklichkeit der modernen Olympischen Spiele (2. verbesserte Auflage). Schorndorf: Hoffmann.

http://archiv.sportmuseum.info/plakate/werbeplakat-x%CE%B9-
olympischespiele-1936-berlin